AF450846

LA FOUTRO-MANIE,

POEME LUBRIQUE

EN SIX CHANTS.

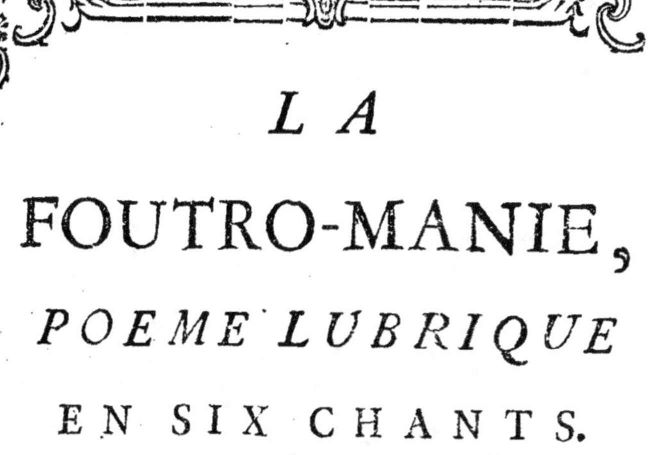

Scillicet is Superis labor est, ea cura
quietos Sollicitat. . . . .

Virg. Æneid.

A SARDANAPALIS,

Aux Dépens des Amateurs.

ÉPITRE DÉDICATOIRE

CE n'est point ici une Religion nouvelle, un culte moderne, que je viens vous offrir, aimables Débauchés, qui comptez pour les plus doux momens de la vie, ceux que l'on donne aux plaisirs, à la volupté. Les tendres impulsions de la Nature, sont d'une antiquité égale à celle de l'existence du Genre humain; & s'il s'agissoit de vous présenter ici l'arbre généalogique de la FOUTRO-MANIE, vous le verriez porter sa tige touffus dans l'Olympe, & ses racines profondes dans les gorges du Ténare. Les Dieux, les Déesses, furent donc Foutro-Manes; c'est un axiome de la vérité. A leur exemple, les demi-Dieux, les Héros s'abandonnerent au doux penchant de la lubricité. On vit dans tous les siecles, dans tous les âges, la luxure, exerçant son inévitable empire sur tous les individus de l'espece humaine, physiquement organisée à l'instar des animaux. Le besoin & le desir de la reproduction entraînerent conftamment les objets les uns vers les autres, & difpoferent les *atomes* féminaux à une attraction réciproque ; enforte, que ce n'eft rien avancer de trop, que de faire remonter la Foutro - Manie à l'inftant de la Création.

Les opinions les plus anciennes, font celles qui femblent avoir le plus de droit à notre confiance, à notre affection. Chérir ce qui de tout temps fut cher à nos prédécefleurs, croire à ce qui mérita leur approbation, rendre hommage à ce qui réunit ceux de tous les fiecles antérieurs ; c'eft agir fagement, c'eft préférer un chemin fûr & frayé à des routes nouvelles & menfongeres. Pratiquons, fans fcrupules & fans frayeurs, les Dogmes immémoriaux de la Foutro-Manie ; laiffons murmurer, & même fulminer, ces Moraliftes importuns, Hypocrites, qui en condamnant avec une févérité apparente les objets qu'ils aiment le plus, vont en cachette s'enyvrer de ces plaifirs, qu'ils voudroient défendre aux autres, & qu'ils fe permettent furtivement. Mahomet prohiboit le vin aux Mufulmans, & n'en buvoit pas moins le plus délicieux.

Les Hébreux modernes ne s'abſtiennent gueres des viandes prohibées à tous les Circoncis ; & tous les graves Sorboniſtes, dont la cenſure ne pardonne rien, ſe dérident toujours à l'aſpect du fruit défendu, ceſſent d'être auſteres *en préſence de l'objet*, & n'héſitent pas de ſe précipiter dans cet abîme, dans ce centre, où tout tend. C'eſt alors que les choſes ſe nomment par leurs noms, ſans périphraſes, ſans voiles incommodes ; parce qu'enfin il n'eſt pas plus indécent, à bien y réfléchir, de nommer le membre viril, un VIT, & le foyer de la femme, un CON, que de dénominer toute autre partie du corps. Ces minutieuſes modeſties ne réuſſiſſent plus aujourd'hui, pas même chez les Béguines, à qui maint Jardiniers & maint Directeurs ont donné des leçons utiles de Langues & de Phyſique expérimentale. La crainte de corrompre la jeuneſſe, eſt une peur frivole, qui ne feroit qu'étouffer le génie des Auteurs, ſans empêcher la contagion, ſi c'en eſt une de faire des progrès. Sodome & Gomorrhe avoient déja, par leurs excès, provoqué le feu vengeur du Ciel, avant que nos Ecrivains euſſent mis au jour, *Dom Bougre, Thereſe Philoſophe, le Débauché Converti,* le

Chapitre général des Cordeliers, avant que l'Homere des François ; le Chantre du grand Henri, eut composé son ingénieuse *Pucelle* ; avant que l'immortel Piron eut produit l'inimitable chef-d'œuvre en l'honneur du Dieu Priape. Il est donc du dernier ridicule de vouloir reprocher aux Auteurs qui écrivent sur les matieres lascives, la corruption déjà existante, & dont ils ne font que les Historiens. Autrement, on pourroit avancer, que quiconque écrit sur la Guerre, la Politique, & les différens objets qui intéressent les Nations, devient complice des abus & des vices inévitables, auxquels les Guerriers & les Politiques de tous les pays, de tous les siecles, ne peuvent apporter que de foibles barrieres.

J'espere donc, que les Lecteurs, à qui cet Ouvrage tombera entre les mains, ne me scauront pas mauvais gré d'avoir écrit l'Histoire & les progrès de la FOUTRO-MANIE, de cet art primitif & suivant la Nature, dont l'origine est aussi célebre qu'utile, dont la décadence entraîneroit celle de l'Univers. Ovide composa l'*Art*

d'Aimer (*a*); qu'il me foit permis de
décrire l'*Art de Foutre* ; & fi l'on ne trouve
pas dans ma FOUTRO-MANIE, toute l'é-
nergie dont brille l'Ode à Priape, que l'on
fe fouvienne combien il eft mal - aifé de
foutenir dans un Ouvrage didactique & de
longue haleine, le ton fublime & majef-
tueux du Genre lyrique. De la légéreté, de
la facilité, de la vérité dans les Tableaux,
voilà tout ce que je me propofe, n'afpirant
à aucune gloire rrop élevée, & n'ayant
entrepris qu'une defcription libre de cette
foule d'événemens qui appartiennent im-
mémorialement aux Annales de la FOU-
TRO-MANIE.

(*a*) *Cet Art d'Aimer d'Ovide, vient d'être
traduit en vers François, par M. Bernard, que
Voltaire appelle le Gentil Bernard. Mais il s'en
faut de beaucoup que la traduction ait l'énergie &
la chaleur de l'original.*

LA

FOUTRO-MANIE.

CHANT PREMIER.

VOUS le voulez.... je vais fouiller mes
      rimes,
Poëtifer en jargon ordurier,
Des Cons des Culs, divinifer les crimes,
Chanter les Vits les combats magnanimes,
Du Dieu Priape embellir le laurier,
Et dans mes Vers, impurement fublimes,
Du Grand Voltaire, enfiler le fentier.
Toi, dont les feux raniment la Nature,
Qui, maîtrifant l'homme & les animaux,
Brûle en fecret le Cuiftre & le Héros,
Sois ma Déeffe, adorable Luxure !
Viens décider mes lubriques pinceaux !
Si, des remords écartant le murmure,

Robbé, Piron, dans leurs rians travaux,
De traits frappant chargerent leurs tableaux,
Toi seule en fis le fond & la bordure :
Des doux Amours suivant les nobles traces,
Tu les fixas, tu dévoilas les Graces,
Et, nous montrant d'heureuses nudités,
Tu nous logeas au sein des voluptés.
Pour tes enfans reproduis tes spectacles,
A tes amis rends de tendres oracles,
Et, réveillant leurs languissans desirs,
Sous mes rayons offre leur les plaisirs !
Vous , des Ribauds des Héros Foutro-
          Manes ,
Et des putains, Urnes, Cendres, & Manes,
Ranimez-vous au doux son de mes vers,
Rajeunissez ce futile univers,
De vos trasports échauffez mon Génie ;
Par mille fleurs, mille charmes divers,
Donnez du sel à ma Foutro-Manie,
Et d'un beau Sperme abreuvant Uranie,
Enchaînez-la dans nos aimables fers.
Les Dieux, jadis ennuyés, misérables,
Dans leur Olympe existoient sans plaisirs :
Un feu soudain rallume leurs desirs,
Leur cœur ressant des flammes agréables.
Pour cent Beautés il poussent des soupirs.
Les Cons, les Culs, leur semblent admirables.
Pendant la nuit & le cours du soleil,

Le Vit bandant il tiennent leur confeil,
Ne dorment plus tant l'Amour a de charmes.
De nos frayeurs, des humaines alarmes;
De nos erreurs, de notre vil encens,
Sont peu troublés, dédaignent nos préfens.
Toujours pendu aux Cons de leurs Déeffes,
Dans leurs Vagins épuifent leurs tendreffes;
Au pur hafard remettent les deftins,
Ne fongeant guerre au bonheur des Humains.
Or c'a foutons, puifqu'aux tendres ivreffes,
Les Dieux prudents donnent un libre cours;
Puifque entraînés par de lafcifs amours,
Toujours fourrés dans les Cons ou les Feffes,
A la luxure ils confacrent leurs jours,
Suivons gaiement leurs utiles exemples;
La volupté nous offre mille Temples,
N'en fortons plus varions nos plaifirs,
Du Con au Cul, des tétons aux aifelles,
Errons fans loix, promenons nos defirs,
Rendons heureux cent objets infideles,
Et gardons-nous de coupables loifirs.
Le Temps volage & l'Amour ont des aîles,
En jouiffant, on les fixe tous deux;
On rit du fort, on maîtrife les Dieux,
On eft orné de palmes immortelles,
Lorfque, chaffant les foucis ennuyeux,
On fcait errer dans les bras de vingt Belles;
Tâtons de tout, foyons fouteurs célebres,

Immergeons-nous dans ce doux Océan,
Centre commun, nécessaire élément,
Et, repoussant les nuages funeb.es,
Sans différer, jouissons du présent !
Le moment vient, où la triste impuissance
Dicte des Loix, appésentit le cœur,
Et sur nos sens distile la langeur ;
Où les Mortels enclins à l'indolence,
Pour les plaisirs n'ont force ni vigueur.
C'est du trépas éprouver la rigueur,
C'est être mort, que de vivre sans foutre !
Ne bandant plus qu'importe d'aller outre,
D'être sur terre un onéreux fardeu,
Et d'y trouver les glaces du tombeau !
Tendre Vénus, regle mes destinées,
Embrase-moi de ton ardent flambeau,
De Cupidon prête-moi le bandeau,
File avec art mes jours & mes années !
Sans nul effroi de l'enfer & des Dieux,
J'ai tout bravé pour brûler de tes feux,
Et déposant toute crainte frivole,
J'ai mille fois affronté la Vérole,
Livré l'assaut au plus vertes Putains,
Comptant pour rien les Chancre les Poulains,
Et tous ces maux dont l'habile Saint Côme,
Par le Mercure, a sçu délivrer l'homme ;
Couronne-moi de tes plus doux lauriers,
Embrase-moi par mille ardens baisers,

Et

Et fais paſſer dans ma bouillante veine
Les feux vainqueurs du raviſſeur d'Hélene !
Le beau deſtin que celui de Pâris,
De trois Putains terminer la querelle !
Le tendre ſort que celui d'Adonis,
Pouvoir mourir dans les bras d'une Belle !
Pour un Ribaud, pour un hardi fouteur,
C'eſt au Bordel que gît le champ d'honneur ;
La mort n'eſt rien, le plaiſir eſt ſuprême !
Un joli Con vaut mieux qu'un Diadême !
Quand je patine un couple de tetons,
Durs, arrondis, rébelles, élaſtiques,
Lorſque nanti de mille appas phyſiques,
Mon Vit en rut décharge à gros bouillons,
des Dieux, des Rois, je mépriſe la gloire,
De l'Acheron je brave l'onde noire,
Aux vils cagots, aux fiers ambitieux,
laiſſant le ſoin de la terre & des Cieux,
Sots Amateurs des biens de la puiſſance !
Le vrai bonheur eſt dans la jouiſſance.
Pour être heureux, aux lubriques Mortels
Faut-il, hélas ! un Trône & des Autels !
Pourquoi briguer un hommage, une offrande ?
A quoi me ſert la grandeur, quand je bande ?
Un Con touffu, mutin, ingénieux
A deviner cent tours voluptueux,
Des reins d'yvoire & des feſſes de marbre,
Une charniere à mobiles reſſorts
Qui, ſans quartier m'attaquant corps à corps,

S'unit à moi comme le lierre à l'arbre,
Qui, secondant mes amoureux efforts,
Aux coups de Cul répond avec adresse,
Serre mon Vit, forge les voluptés,
Et me prodigue une adorable ivresse,
Voilà mes Loix, & mes Divinités.
Avec le sceptre, & l'encens, & l'hommage,
Jamais paillard, jamais fouteur, ni sage,
N'ira troquer les plaisirs enchanteurs,
Laisser les Cons à l'appas des honneurs.
Quand, dans mes bras lascivement serrée,
Je tiens Dubois, (a) demi morte, égarée,
Ne renaissant que pour doubler l'assaut;
Mon cœur content croit tenir Cythérée,
Je suis de braise, & mon Vit, au plus haut,
Fier de fourbir d'aussi superbes charmes,
De Jupiter ne voudroit pas le fort,
A Frédéric (b) ne rendroit pas les armes,
Soutient son rang, & me conduit au port.
En la formant, la divine Nature
N'épargna rien, l'esprit & la beauté;
Telle est, en bref, la fidelle peinture.
Au globe entier, humaine créature
N'eut autant l'air d'une divinité.
Du Putanisme augustes Héroïnes,

(a) Actrice de la Comédie Française.
(b) Le Glorieux Seigneur de *POSTDAM.*

Tendres Saphos , modernes Meſſalines ,
Accourez tous , c'eſt ici votre temps ;
Je vais tracer vos lubriques talens ,
Vos grands exploits dans la Foutro-Manie ;
Peindre au naïf plus d'une aimable Orgie ,
Où cent Putains , épuiſant les Ribauds ,
Aux Vits bandans ſervirent de tombeaux.
Arnou (a) , Clairon (b) , vous gémirez ſans
       doute ,
Si , vous taiſant , je vous faiſois l'affront
De refuſer à votre aimable front ,
Les grands honneurs de la ſublime joûte ?
Vit-on jamais ſous la céleſte voûte
Plus de débauche , un plus facile ton ,
Que n'en offrit l'illuſtre Frétillon ?
Cette Catin , qui , pour à fond connoître
Le cœur humain , la trempe de ſon Etre ,
Dix ans entiers logée au Pavillon , (c)
Aux bons fouteurs fut tour à tour fidele ,
Analiſa les Vits des Officiers ,
Des Caporaux , enfin des Grenadiers ,

(a) Chanteuſe de l'Opéra , fille d'un Pâtiſſier ,
devenue célebre par ſes amours avec le Comte de ...
(b) Premiere Actrice de la Comédie Françaiſe ,
auparavant fameuſe par ſon penchant pour les Ca-
ſernes & pour le Corps-de-Garde.
(c) A Metz , où elle exerça long-temps avec
diſtinction l'art de la *Foutro-Manie.*

Et qui, de-là se donnant pour Pucelle,
Des Comédiens épousa la sequelle;
Fit la bégueule, avec art déclama,
Rendit heureux le premier qui l'aima;
Au beau Valbelle (*a*), attrapé dans son piege,
Parut cent fois plus blanche que la neige,
Et pour le suivre, un beau jour s'éclipsa,
Quand de Calais on termina le siege. (*b*)
Arnou fut tendre, avec tous ses Amans,
Se montra donc, & leur fit des enfans. . . .
Le chant, la voix, étendoient leur empire,
Chez les Badauts engendroient le délire,
Lorsque la danse, aux lascifs mouvemens,
Obtin la palme, & captiva les sens.
Allart, (*c*) sauta; nouvelle Tepsicore,
Elle apperçut les claquemens éclore,
Donna l'essort à son œil libertin,
Rendit public son penchant clandestin;
Et, jouissant de l'une à l'autre Aurore,
Avec son Négre, où le bon Mazarin,

(*a*) Le Comte de ce nom, vit comme Epoux avec la Clairon, devenue enfin femme honnête.

(*b*) On devoit représenter de nouveau cette Tragédie de M. de Belloy, lorsque la Clairon se retira pour toujours du Théatre Français.

(*c*) Célebre Saltimbanque Fémelle, qui a ruiné la santé & la bourse des Foutro-Manes, nommément du Duc de Mazarin.

Foutit sans cesse, & sabla de bon vin.
On l'imita, ce jeu sembla commode ;
Tout l'Opéra bientôt en prit la mode,
Et des Mylords, des jeunes greluchons,
De vieux amans, d'aimables papillons.
Guimart, Pélan, adoptant la méthode
De Financiers, de manans, à dos ronds,
Firent argent de leurs Culs, de leurs Cons,
Mirent sous presse une foule imbécille,
Taxant bien cher tous les sots de la ville,
Jaloux d'atteindre à leurs flasques tetons.
On vit soudain les Acteurs, les Actrices,
Se soulager dans d'utiles coulisses,
D'énormes flots de foutre répandu,
Vestris (a) prêtant & le Con & le Cul,
Des Vits pendant les intermedes,
Mille Lédas, autant de Ganymédes,
Foutans, foutus contentans leurs desirs,
Entrelassés, se pâmant de plaisirs.
Bordel Royal, distingué, cromatique,
Sérail, mouvant aux sons de la musique,
Vivant le jour d'assez loyaux produits,
Faisant valoir l'obscurité des nuits,
L'Opéra fut une brillante Aréne,

____

(a) Une des premieres Danseuses de l'Opéra de Paris, connue par sa lubricité, & sur-tout par sa complaisance à livrer l'endroit & l'envers ; une Italienne perd rarement le goût du terroir.

Où la Putain produisit sur la scene,
Tout à la fois, ses talens, ses faveurs,
Livra la guerre aux bourses plus qu'aux cœurs,
Et se fit voir également humaine,
Pour les payans & pour les bons fouteurs.
Sur le patron de ces braves Déesses,
On vit en peu se mouler les Duchesses,
Prendre leurs airs, leurs modes, leurs propos,
Se bastinguer pour de vaillans assauts,
De l'intérêt prêcher la controverse,
Faire à plaisir un ruineux commerce,
Payer leurs gens, pour lasser leurs gros Vits,
Plus longs, plus durs, que ceux de leurs maris.
Ainsi, bientôt, par un accord étrange,
De Cons, de Vits, se fit un doux échange;
Paisiblement, sans tracas, sans regrets,
Le grand Seigneur remit à ses valets,
Le soin d'aimer, de foutre son épouse;
Et sa moitié, facile & point jalouse,
Courant gaiement, passer en d'autres bras,
A ses laquais détruisit ses appas;
Se défaisant de préjugés frivoles,
Se fit monter par de vigoureux drôles,
A ses vapeurs donnant, pour Esculapes,
Des Vits d'airain, de monstrueux Priapes;
Tandis qu'au Cons des Putains du bel air,
Son Sieur & Maître, épuisant sa poitrine,
Usant son bout, & sa rare origine,
Fut mériter les tourmens de l'enfer,

Cueillir les fruits de la Caco-Monade,
Le noir venin qu'inventa Lucifer,
Ne fachant plus, dans fa noire prifon.
Comment pourrir le genre humain malade.
Ce fut ainfi, qu'en dépit du caquet,
Des froids lazis du public perroquet,
Jettant au loin une enfantine honte,
Voulant jouir, à la hâte, à grand compte,
La Polignac (a) cafernoit à Pantin
Douze Bouchers, égayoit fon deftin,
Bornant au lit fa carriere lubrique,
Sur l'eftomach s'appliquant pour topique
De fes relais, les Vits Roides, difpos,
Faifant la chouette à ces douze Héros.
A l'Héroine, aimables Foutro-Manes,
Offrez des fleurs, treffez lui des lauriers ;
Donnez la chaffe aux Cagots, aux Profanes,
Aux Vits molets, aux timides Guerriers.
Sur fon tombeau, d'une voix patéthique,
Chantez en cœur pour immortel Cantique :
De Polignac, des fouteurs, des putains,
Vivent toujours la gloire & les deftins !

––––––––––

(a) La renommée de cette Vicomteffe égala juftement celle de l'Empereur Claude, & la Meffaline Françaife parut même furpaffer la Romaine.

CHANT SECOND.

A Quatorze ans que les Cons ont de char-
mes !
Que les tetons naiffans offrent d'attraits !
Qu'un Vit eft dur dans fes premieres armes,
Toujours bandant, ne reculant jamais !
Jeunes fouteurs, des fouteufes novices
S'en vont ceuillant les divines prémices,
Et partageant le printemps de leurs jours
Entre les jeux, les ris, & les amours,
Souvent gaiement les loix de la folie,
Sont affidus à la Foutro-Manie ;
La nuit, le jour affrontent les faifons,
Dans les frimats fur de tendres gazons,
Entre les bras de joyeufes Victimes
Se font heureux ; feroient-ce là des crimes ?
Les Confeffeurs, gens ennuyeux & fots,
Branlant leurs Vits au récit des affauts,
Des beaux exploits, des modernes Hercules,
Veulent envain, armés de cent fcrupules,
Les effrayer par les hideux tableaux
D'un chaud enfer, d'un trifte purgatoire,
Les allécher par l'éternelle gloire.
Quiconque fout, fe rit de l'avenir ;
Brave les Cieux ne fonge qu'au plaifir.

Un jeune Con, bien placé, sain, agile,
En poils, en foutre, en mouvement fertile,
De blancs tetons provoquant le desir;
Persuadent mieux qu'un vieux Bouc à sandale:
Qui, dans sa niche, attaché par loisir,
Vous fait des Dieux un image infernale,
Les peint cruels, ennemis des Amours,
Des vers fouteurs épiant tous les tours,
Pour les punir, les plonge dans l'abîme.
Moi, Foutro-Mane, ingambe & peu sublime,
J'aime à penser, qu'en employant mes jours,
A pululler, je ne fais aucun crime :
Que Jupiter, trop bon, trop magnanime,
Trop affairé, pour compter avec moi,
Sur mon esprit pour régner par l'effroi,
Me saura gré, qu'en ses frasques aimables
Mon Vit fécond produise mes semblables,
Qu'a coups de Cul je peuple l'Univers,
Que je me livre à d'utiles travers.
Dans tous tes sens l'adorable tendresse,
Communiquant ses feux & son ivresse,
Te fait bander pour un objet charmant,
Le Con au Vit présente son aimant.....
Naissant fouteurs, aux séducteurs atômes
Vas t'accrocher, cours produire des hommes,
Fidele au Con, qui forgea ton destin,
Vole acquitter ta dette au genre humain,
Fêter le Temple où tu pris origine,
Multiplier l'image de Jupin.

Vois ces beaux yeux, cette bouche enfantine!
Quels doux souris! qnels regards! quellesdents!
Un faont étroit, une œillade mutine,
Sourcils arqués, cheveux noirs & pendans!
Deux blocs d'albâtre ornant cette poitrine,
Sont suspendus sur la forêt voisine,
Qu'un doux ruisseau traverse dans son cours;
Bois enchanté où nichent les amours!
L'amorce Prend, pressé par la nature,
Par les attraits d'une heureuse figure,
Le Foutro-Mane en ses jeunes ardeurs
Court immoler à mille appas vainqueurs,
Goûter les biens de l'aimable luxure,
Plonger son Vit dans un bosquet de fleurs.
Son coup d'essai de volupté l'enivre,
D'un vain effroi pour toujours le délivre,
Le fait sur l'heure entrer en paradis,
de Mahomet lui dépeint les Houris,
Et l'initie au vrai bonheur de l'homme.
Son Directeur, le Pere Chrisostôme (a)
En fait autant à couillons rabbatus,
Fout blonde & brune, en prêchant les vertus,
Renonce enfin à se branler la pique;
Envers les Cons braque sa réthorique,
sert sa servante en modeste Chrétien,

(a) Les Carmes ont toujours eu de la réputation,
& tenu un rang distingué dans la Foutro-Manie.

Et vous l'engroffe en brave Citoyen.
Après avoir foutu comme un Apôtre,
Le drôle va crachant fon (*a*) patenôte,
Le Vit pendant célébrer l'Eternel,
Mais quand il bande, il penfe comme un autre,
Thermometre haut, il agit en mortel.
Que faites-vous, difoit-il à Fanchon,
A vous grater, vous ufez votre adreffe;
Avec vos doigts, vous fervez le démon,
Foutre à grand coups, foulage la tendreffe,
C'eft œuvre pie : un gros Vit dans le Con,
Fait du plaifir, entretient la fageffe,
Voilà le mien, prenez ce faucifſon.
Au même inſtant, le béni Foutro-Mane
Leve les yeux, le Vit, & la foutane,
De fa culotte exibe un long engin,
Membre de Moine, exhorbitant boudin,
Un Plût-à-Dieu d'une groffeur énorme.
Fanchon rougit à l'afpect de la forme;
A la rougeur fuccede le defir;
Elle l'empoigne, & brûlant de plaifir,
Les yeux ardens, l'ame à demi pamée,
Dans fon pertuis le foutre fans délais;
Tant il eft doux de croire d'être aimée,

(*a*) Machiavel dit, dans fon Traité du Prince,
que les Etats ne fe gouvernent pas le Chapelet à la
main : le P. Chrifoftôme prétend de même, que le
monde ne fe peuple pas en récitant le Bréviaire.

Tant les Couillons d'un *Pater* ont d'attraits!
Plus infolent, plus glorieux qu'un Doge,
Qu'un Préfident vêtu de l'épitoge,
Le Moine fout trois coups fans débander;
Et de l'étuit le Ribaud ne déloge,
Qu'après avoir fini par inonder,
Le Con foutu d'un déluge de fperme;
Encor, fort-il, auffi roide, auffi ferme
En déconnant, qu'avant de débrider.
Ah! parlez-nous de gros Vits de la forte!
Car fe fervir de froids godemichets,
Ou de prier qu'on décharge à la porte;
C'eft ne goûter que plaifirs imparfaits.
Que je les plains, ces Nonains, ces fillettes:
Du célibat victimes incomplettes,
Qui, n'ofant foutre, à la rufe ont recours,
Aux branlemens, pour calmer leurs amours!
dont la jeuneffe, en préjugés s'exhale,
En faux devoirs, en décence fatale,
En vains foupirs, en funeftes tourmens,
Sans avoir pu fe livrer aux Amans!
Sœur Rofalie & fœur Bénédictine,
De gros navets ufent tous les matins,
Faute de Vits, fatiguent leurs vagins
A tour de bras, au retour de matine,
Du tendre amour fraudent les plus beaux droits
Féminifant des Anges dans des niches,
Pompant le lait de Priapes poftiches,
Par-deffus tout redoutant les neuf mois.

Un

Un vitrier, un jeune Foutro-Mane,
Entreprenant, amoureux, un peu crâne,
Pour Rosalie éprouvant des désirs,
Escalada d'une échelle profane
Les murs sacrés, où logeoient ses plaisirs.
Près la Nonain, dans sa courte cellule,
Le jeune Gars s'escrimoit en Hercule,
Depuis trois jours ne quittant point les draps,
De ce tendron, fourbissoit les appas,
Lorsqu'une Sœur, indiscrete, importune,
Du couple heureux divulga la fortune,
Trouble la fête, en exigeant sa part.
On se rassemble en la chambre commune,
Et, conseil pris, bénissant le hasard
Qui dans le Cloître introduisit le drôle,
Chaque Nonain vous le tire à l'écart,
S'en fait gaiement donner à tour de rôle,
Croyant tenir quelque Frere Frappart,
Tournant toujours l'aiguille à la boussole.
Las d'enfourner son vaisseau dans le port,
Le Pélerin, harassé, presque mort,
De ces saints Cons en contentant l'envie,
Dans ses efforts pensa perdre la vie,
Sur un chalit resta perclus, défait,
De l'impuissance essuya tout l'effet,
Et ne sortit des bras de ces Sirennes,
Que n'ayant plus de foutre dans les veines.
Le Ciel nous garde, en son triste courroux,
De l'apétit de ses Cons qui patissent

Des ans entiers, qui sottement languiffent,
Se retranchant les plaifirs les plus doux;
Qui, travaillés de vapeurs hiftériques,
De baillemens, d'une affreufe langueur,
Dupes, Martyrs, de carêmes phyfiques,
D'un trop long jeûne ont fouffert la rigueur!
Sur le beau front de la tendre Clarice,
Dans tout fon teint, s'eft gliffé la pâleur;
Un mal fecret, une active jauniffe,
Trahit fes fens, fon befoin, fa douleur.
Dans fes accès, de fon doigt elle s'aide,
Et dépérit fous ce trifte fecours,
Qui la détruit & flétrit fes beaux jours.
Pour la guérir il n'eft qu'un feul remede :
Quelle choififfe un gros Vit long & roide;
Et, fe livrant à de réels amours,
Qu'elle partage avec fon Foutro-Mane
Tous les plaifirs que la célebre Jeanne,
Pudiquement avec le Gris-Bourdon,
Dunois, Chandos, le Muletier, & l'Ane,
Goûta cent fois, fe démenant du Con.
Car d'Orléans la Pucelle héroïque,
Ne fouffroir pas qu'on foutit En Condom,
Que, lui fourrant un trompeur fauciffon,
On la branlât pour la rendre lubrique,
Pour l'éhauffer, la mettre en pamoifon;
Il lui falloit de gros Vits, & des Couilles,
Qui, dans fon four avec nerf s'allumant,
Pour foulager fon Clitoris brûlant,

Avoir recours à de vains artifices,
Au triste *index*, à de froids branlotteurs,
Aux leches Cons, aux vils Gamahucheurs,
Ce font, hélas! paffe-temps de Novices,
Plaifirs tronqués, infipides erreurs,
Bifarres goûts, impuiffantes reffources,
Des voluptés qui réveillent les fources,
Sans appaifer de funeftes foupirs,
Sans contenter d'impérieux défirs.
Pourquoi vouloir, par la froide impofture,
Par un art faut remplacer la Nature?
Elle triomphe, elle dicte des loix,
Sur tous les cœurs leve de juftes droits:
Du bougre hideux, du pervers focratique,
Elle condamne & trompe les efforts,
Voit à regret la Tribade lubrique,
D'un même fexe amante anti-phyfique,
Con contre Con dans d'étranges efforts,
Se confumer, & détruire fon corps.
Pauvres plaifirs que vont goûter ces femmes,
Bravant les Vits, faifant les efprits forts,
S'abandonnant à des penchans infâmes.
Se brandouillant, s'ufant en fots ébats,
D'un Vit factice éprouvant les combats,
Des camps d'amour transfuges infidelles,
Beautés fans cœur, Ganymédes fémelles,
Qui, tour à tour agantes & plaftrons,
Sans fel, fans nerf, vont fe grattant les Cons,
Se pavanant de leurs actes rébelles

Contre les Vits, de leurs propres affronts !
Non, ce n'est point pour ce fatal usage
Que Promothée arma le genre humain
De Cons, de Vits, fabriqués de sa main.
Le Créateur veut un utile hommage ;
Fourbit les Cons, des Vits est le destin,
Le seul emploi légitime & certain.
Prêter aux Vits un vase humble & fertile ;
Tel est des Cons le fort peu difficile.
Ce seul systême est sûr, quoique peu neuf :
Depuis Adam, jusqu'au vieux Duc d'Elbeuf,
On ne foutit qu'en Cons, sans tricherie.
Le ton changea ; gouttant la Bougrerie,
On déserta l'humaine beauté ;
Au trou du Cul cherchant la volupté,
On se plongea dans une cloaque obséne ;
Et les fouteurs en variant la scène,
Pour prix amer de l'infidélité,
En impromptu, perdirent leur santé.
Dois-je me plaindre dans mon affreuse peine ;
Des Culs, des Cons, pompant l'impureté,
Si le Virus a passé dans ma veine,
D'un poison lent si je suis infecté ?
De la vérole évitant l'origine,
Les Cons pourris, les dangereux vagins,
Dois-je en retour gagner la cristaline,
Joindre les maux des sales Africains,
Aux dons cuisans des funestes Putains ?
Dieu Créateur, Pere de toute chose,

Faut-il au Con lorſque mon Vit je poſe,
Qu'en tremblottant je dérouille mon coup,
Que je recueille & l'épine & la roſe,
Que mon Vit, hors de la gueule du loup,
Pour fruits cruels d'un plaiſir adorable,
Pleure ſans fin, & d'un fiel déteſtable
Dans mes *Artus* voiturant le levain,
Couve les fleurs dont au ſortir de table
Jadis Vénus fit préſent à Vulcain !
Au Con tout neuf, ſoi-diſant preſque Vierge,
D'une beauté que tourmentoient ſeize ans,
Fier de ſon ſort, la perle des Amans,
Le jeune Alain, court appoſer ſon cierge.
Bon, ſe dit-il au moins dans ces ébats
Je ne crains point le riſque des combats,
La belle eſt jeune, elle doit être ſûre.....
Entre ſes bras trois fois de la Nature
Il a goûté les plaiſirs les plus doux ;
Trois fois ſentant chanceler ſes genoux,
Il a verſé ſa liqueur la plus pure,
Du jeune Con arroſé les parois.
De ſon bonheur plus épris que cent Rois,
Content, joyeux de de ſa belle capture,
De ſon début dans l'art de la luxure,
D'avoir fêté des appas auſſi frais,
Il ſe croit franc de tous cuiſans effets,
Le Con d'Alain étoit l'unique idole ;
Jeune, paillard, libertain, vigoureux,
Au fond du cœur il ſe foutoit des Dieux,

Mais humblement refpectoit la Vérole,
Fuyoit les Cons malades empeftés,
Se préfervoit des fillettes fufpectes,
N'ayant encor, dans fes jeux médités,
Jamais connu les miferes infectes,
Noirs reliquats des douces voluptés.
Ce fut ici qu'il en fit connoiffance,
Que dans fon fang les malignes vapeurs,
Firent paffer les cuiffons, les douleurs.
De tous fes os, la vérolique effence
Corrompt le fuc; Alain perd les couleurs,
Fait en piffant des grimaces de diable,
Maudit le Con impur, abominable,
Qui, dès feize ans, empoifonne les fleurs;
Et fait aux Vits verfer de triftes pleurs.

CHANT TROISIEME.

L ES Dieux font bons plus qu'ils ne font
       terribles ,
Aux maux de l'homme ils fe montrent fenfibles
Et leur foleil d'un rayon bienfaifant ,
Chaufe à la fois le jufte & le méchant !
Tout fe balance, & l'aimable nature ,
En tolérant dans le cadavre humain ,
Que la Vérole emporte fon venin ,
Pour la détruire inventa le Mercure.
Remede vain contre la maffe impure
D'un fang brûlé, les foibles végétaux
N'en pouvoient plus épurer les canaux.
Il leur falloit un puiffant flogiftique ,
Qui balayât l'urétre dans fon cours,
Qui, pourfuivant le mal dans fes détours ,
Rendit le ton à l'ordre équilibrique ,
Au fang glacé redonnât la chaleur ,
Et fit fluer la trop épaiffe humeur.
Saint Côme vint ; fon creufet falutaire ,
En un clin d'œil, régénéra la Terre ,
Fit des corps neufs , répara les humains.
Les Cons, les Vits, déformais rendus fains ,
Furent munis d'une vertu nouvelle.
Par les talens de la docte féquelle ,

Du froid Virus les progrès affaffins,
Sont arrêtés dans leur marche rapide.
Sans nul fouci, le Fouteur intrépide
Peut à jamais braver tous les vagins,
Foutre, fans choix, la Ducheffe & l'Actrice,
Et mettre au pair la grace & la novice.
A-t-il d'un Con, putride & peu difcret,
Par le pifton pompé les molécules ?
Il fe ptifanne, avale des pillules,
En peu de jours du Virus c'en eft fait ;
Il ne perd rien de fa force premiere,
Et peut foudain rentrer dans la carrierre,
Se difpofer à des combats nouveaux,
En bon Fouteur reprendre fes travaux,
De cent toifons hafarder la conquête,
Sans voir flétrir les lauriers fur fa tête.
Dieux ! que d'Abbés, Miniftres & Prélats,
Bravant fans peur l'augufte Cafferole ;
Iindépendans du joug de la Vérole,
Grace à Saint Côme, ont moiffonnés d'appas!
Près Mazarin, agréable Prêtreffe
Du Dieu d'Amour, regardez Montazet (*a*)
Faifant le jeune, & pouffant fon Bidet.
De vingt rivaux, la galante Ducheffe
A pondéré les vœux & le caquet.
Mais, pour l'Eglife ajuftant fon toupet,

(*a*) L'Archevêque de Lyon.

A l'Archevêque elle a donné la pomme,
Rit du Prélat, & chérit l'aimable homme,
L'Epicurien fous l'habit preftolet.
La Monteffon fuit ce brillant exemple,
A d'Orléans elle livre fon temple,
En fait fon Dieu, l'aime de tout fon cœur,
De tous fes fens adore fon vainqueur,
Et n'a pas tort : car il en vaut la peine.
Si l'on en croit le public enfantin,
De leur amour pour refferrer la chaîne,
Ils font unis par un nœud clandeftin.
Pour moi, j'en doute : à quoi bon l'hyménée,
Secret ou non, quand on s'aime vraiment,
Lorfque l'amour guide la deftinée
D'un couple heureux, fans contrat, fans fer—
          ment ?
Vénus Françoife, adorable Princeffe,
Qui, des plaifirs chériffant trop l'ivreffe,
Vécûtes peu pour avoir trop foutu,
Qui dans l'amour plaçâtes la vertu,
Belle Bourbon, (a) qui, femblable à l'Aurore,
Réuniffez les vœux de l'Univers,
Reffufcitez, prenez place en mes vers.
Vous n'êtes plus, & l'on vous aime encore ;
Dans tout Paris on vante vos travers,

─────────────────────────────

(a) Louife Henriette de Bourbon Conty, Ducheffe d'Orléans, morte en 1759, à l'âge de 33 ans.

Votre beauté, vos lubriques caprices,
Les doux préfens, les vertes chaudes-piffes,
Quand vous foutant, le beau (*a*) l'Aigle &
          Melfort
Prirent tous deux, n'en voulant point au fort,
D'avoir gagné de légers bénéfices
Pour poffëder un fi rare tréfor.
Que de beaux ans, depuis vingt jufqu'à trente!
Tous les inftans d'une ferme fanté
Sont des tributs dûs à la volupté.
Loin des tourmens de l'ennuyeufe attente,
Tout eft plaifir pour l'Amant & l'Amante.
Les fens charmés font l'ivreffe du cœur;
Nous leur devons le phyfique bonheur.
Car les plaifirs, les biens imaginaires,
Sont des zéros, de menteufes chimeres.
J'ai beau guinder mon efprit aux amours,
D'une beauté me peindre les couleurs,
Me la tracer & parfaite & naïve,
Sur fes appas, fur fes charmes fecrets,
Faire trotter mon imaginative,
De fes talens m'exagérer les traits,
Que m'en vient-il? foupirant en viédafe,

(*a*) Les deux plus jolis hommes du fiecle, à qui
la Ducheffe accorde des faveurs après avoir eu af-
faire à un maudit joueur de vielle, qui lui avoit
inféré le virus en cadence.

Pour un fantôme, une belle en tableau,
Dupe sans fin de ma brillante extase,
Le bec ouvert, je croque le marmot.
Bien fou, qui va d'un amour platonique,
De longs soupirs, accueillant les objets,
En Espagnol, se morfondre aux aguets;
Guitare en main, courtiser en musique,
Genoux pliés, contempler des attraits,
Qu'on lui refuse, & qu'il n'aura jamais.
Le sot métier! pour Vénus elle-même,
Pour la beauté ceinte du Diadême,
Point ne voudrois du rôle d'attentif,
De soupirant, d'Amant contemplatif.
Il m'en souvient, pendant toute une année,
D'avoir langui pour un tendron charmant,
Qui, sans pitié pour mon cruel tourment,
En fier vainqueur, me tint haut la dragée.
Jouer de l'œil, écrire des billets,
Faire l'aveu d'une ardeur réciproque,
Me paroissoit un destin équivoque,
Las, ennuyé, de former des souhaits,
Du tendre amour d'attendre les bienfaits,
J'abandonnai ma trop lente Princesse,
Et fus au Con d'une prompte drôlesse,
Des Cons d'Etat oublier les hauteurs,
Me délasser d'insipides rigueurs,
Donner de l'air à ma couille brûlante,
Ingurgiter mon Vit dans cette fente,
Dont Jupiter, les Bergers & les Rois,

Sont tous forcés de recevoir des Loix.
Voilà le but de tout bon Foutro-Mane,
La pique en l'air, s'acheminer au fait,
Des biens réels se procurer l'effet.
Du plaisir seul, le vrai bonheur émane :
Le différer, c'est être son bourreau ;
C'est mal user de l'âge le plus beau.
Jeune homme fuis dans ta course sublime,
D'être jamais coupable d'un tel crime.
De tes délais veux-tu bien te guerir ?
Voyage en France, apprends l'Art de jouir,
Vois en amour comme chacun s'escrime,
Comme on y suit les routes du plaisir !
Si l'Opéra, ni les deux Comédies,
Ne t'offrent, rien qui flattent ton desir,
Tu trouveras mille & mille Uranies,
A tout mortel accordant des secours,
En présentant de faciles amours.
Veux-tu jouir avec délicatesse,
A la débauche allier la tendresse ?
Vole à Marly, le beau jour d'un sallon,
Tu charmeras quelque brave Duchesse ;
Femme de Cour, Prêtresse du bon ton ;
Tu fileras le parfait avec elle
Pendant une heure, & bientôt la dondon
Te livrera sa chaude Citadelle.
Mais que ton Vit, pour attaquer la belle,
Soit bien monté ; car la Dame en son Con
N'admit jamais que des Vits à la Suisse,

De

De gros calibre, & foutant fans raifon.
Que l'as la foute, & que Dieu la béniffe !
Elle fait fi des Priapes de Cour,
Des Vits communs elle fe bat la cuiffe,
Ne craint rien tant, après la chaude-piffe,
Que le contact, ou l'afpect d'un Vit court.
Sur-tout prends garde, en bricolant la Dame,
De n'aller pas la ratter un beau jour.
C'en feroit fait de ton corps, de ton ame ;
La gauge entend qu'on partage fa flamme.
Que l'on réponde à fon ardent amour,
Que l'on décharge alors qu'elle fe pâme,
Que l'on travaille enfemble, & tour à tour.
Ami, crois-moi, cette vaillante école
Vaut bien autant que les champs d'un Bordel.
Tu peux y ceindre un laurier immortel,
Y mériter, y gagner la Vérole.
Ah ! qu'il eft beau de gâter fa fanté,
De fe pourrir en bonne compagnie.
Mulet fervant d'une noble Emilie,
De fêtoyer un Con de qualité !
On peut delà, d'une courfe légere,
Faire la cour à quelque Financiere,
Endoctriner la femme d'un Bourgeois,
D'un gros banquier de quelqu'homme de loix,
Sur le toupet d'un Cocu débonnaire
Accumuler un magafin de bois,
A fa moitié démontrer la maniere
De foutre fec, de jouir de fes droits.

D

Et voilà comme il faut paſſer la vie,
Faiſant ſans choix du bien à ſon prochain,
De ſes voiſins careſſant la folie,
De la beauté ſatisfaiſant l'envie,
A ſes deſirs ſe montrant fort humain !
Ainſi ſoit-il : car braver les caprices
D'un ſexe ardent, lui montrer des froideurs,
Lui refuſer de longs & lourds ſervices,
C'eſt encourir ſes fâcheuſes humeurs.
Que faire alors ? où porter ſes hommages ?
Faut-il, longeant de putrides rivages,
Trahir les gens, aſſaſſiner les Culs,
Malgré l'odeur, fourgonner les Anus ?
Cas erronés ! péchés contre Nature !
Coups de Sodome ! excès de la luxure !
Qui tôt ou tard engendrent le Virus,
Et de l'Enfer provoquent la brûlure
Sur les deſtins des fouteurs, des foutus !
Et puis voyez la chétive figure
Que font ici le bougres reconnus ;
On les perſiffle, on les fuit, on les chaſſe.
Les plaindra-t-on dans leur juſte diſgrace ?
Quand Beaufremont, au ſcandale des Cons,
D'un Roi puiſſant mépriſant les leçons,
Oſe à Verſailles en pleine galerie,
Pour un cent-Suiſſe allumant ſes tiſons,
Lui propoſer un fait de bougrerie ;
Doit-on gémir s'il manque les cordons,
Si des fouteurs la cohorte chérie

Lui coupe l'herbe, & saisit les fleurons ?
Les Cons en Cour menent droit au salut ;
C'est du bonheur la sûre sauve garde.
Fouteur prudent, n'allez pas pour début
Narguer le Con, & célébrant le Cul,
Près du *Coccis* travailler la moutarde.
Si quelquefois votre Priape en rut,
Par goût pervers, par essai, par mégarde,
Va se nichant dans le four d'un Chrétien,
N'en faites pas une triste habitude,
Bien vite au Con rentrez par gratitude ;
Quoique paillard, soyez homme de bien.
Souvenez-vous, qu'au vieu temps de miracles,
Les Cons permis, & les Culs prohibés,
Eurent leurs regne en différens spectacles :
Pour les Culs seuls que les Vits exhibés,
De se fourrer dans un réduit fétide,
N'eurent jamais le caprice maudit,
Et qu'Augustin, pénitent insipide,
D'avoir au Con cent fois posé son Vit,
Dans ses remords, point ne se répentit.
Son seul regret fut d'avoir, par méprise,
En malotru, perforé la chemise
Et le secret d'un jeune Sacristain.
Or, sans ce cas, jamais la Mere Eglise,
Sur le retour ne l'eût déclaré saint.
Ce fut ainsi qu'autrefois Madeleine,
En bien aimant mit fin à ses douleurs.
La pauvre Garce étoit vraiment en peine,

Dij

Cheveux épars, ne verfoit que des pleurs,
Un regard doux, un mot vous la confole,
Lui fait foudain oublier fes malheurs,
Vous la guérit, & lui fert de cafferolle;
Son cœur épris fent d'étranges ardeurs,
Pour l'homme-Dieu (*a*) la drôleffe foupire,
Et déformais l'imprudente n'afpire
Q'au Vit divin qui caufe fes chaleurs.
Vous m'entendez, aimables Foutro-Manes,
L'exemple eft fûr; on en peut de meilleurs!
C'eft par l'amour que l'on cueille les fleurs,
Point de ces fleurs albâtres & profanes,
Qui font pâtir, réduifent aux tifannes,
Et dans les fens inférent les langueurs;
Mais les plaifirs des Cieux & de la Terre.
Car les regrets ne font que vrais bourreaux;
Aux fots vivans ils creufent des tombeaux,
Du vain fcrupule étendent l'hémifphere,
Livrent au cœur une éternelle guerre,

(*a*) Mon confrere Voltaire, & mon Maître,
comme celui de bien d'autres, à fort élégamment
dit dans fa *Pucelle*, en parlant des amours du St,
Efprit avec la Vierge :

Jofeph, Panthère, & la brune Marie,
En badinant, firent cette œuvre Pie;
A fon Mari la Belle dit adieù,
Puis accoucha d'un bâtard qui fut Dieu,

Doublant toujours la maſſe de nos maux.
Cent fois heureux, ces mortels ſans richeſſe,
Qui, dégagés de toute ambition,
Courent goûter ſans feinte la tendreſſe,
Dont le deſir ne ſe butte qu'au Con !
C'eſt le vrai bien, c'eſt l'unique ſageſſe,
de ſavoir fuir d'inſipides tréſors,
Inanimés, ſuivis de la triſteſſe,
De ſe livrer à d'aimables tranſports,
De ſavourer les contours d'un beau corps,
En eſſayer les diverſes poſtures,
Et, de Plutus mépriſant les injures,
Se rendre heureux par ſes propres efforts !
Tu nous appris, par d'exquiſes peintures,
Par tes tableaux, immortel Arétin,
Le Vit au Con, à braver le deſtin,
A célébrer ſous toutes les figures,
D'un joli Con les céleſtes attraits ;
Tu nous peignis ſous d'ingénieux traits
L'aſpect divers de toutes les luxures !
Reconnoiſſant d'auſſi tendres bienfaits,
Le genre humain te doit l'apothéoſe.
Près de Vénus que ta cendre repoſe !
A la ſervir tu conſacras tes jours ;
Que tous les Cons & les Vits de guirlandes
Sur tes Autels dépoſant les offrandes,
A qui mieux mieux exécutent tes tours,
Danſent entr'eux de chaudes ſarabandes,
Et par ton ordre enchaînent les Amours !

D iij

CHANT QUATRIEME.

DE l'Opéra j'ai chanté les Prêtresses,
Les Déites, les Vénus de Paris,
Ces doux objets, dont les Badauds épris
Vont cherément acheter les tendresses,
Aux plus vils Cons mettant le plus haut prix.
J'ai célébré Mesdames les Duchesses,
De leurs amours les grossiers appétits,
Leurs grands talens, leurs prudentes largesses,
Et de tout temps leur goût pour les gros Vits.
Ami lecteur, il faut changer la scene,
Dans les Bordels transporter mes tréteaux,
Te crayonner les lubriques tableaux
Des bords heureux où serpente la Seine,
Des verds fouteurs les assidus travaux,
Les doux exploits de plus d'une Sireune,
Qui dans ses bras épuisa maint Ribauds.
Pâris, Carlier, Maquerelles insignes,
Vous, Bokingston, Montigni, d'Héricourt,
Gourdan célebre, où les gens les plus dignes
Vont déposer le rang, le manteau court,
Et sans contrainte immoler à l'amour,
Vous méritez qu'on vous immortalise.
Des préjugés méprisant la sottise,
Des Inspecteurs bravant les yeux d'aspic,
Avec ardeurs utiles au Public,

Dans vos férails vous ſçûtes raſſembler
Le Militaire, & la Robe & l'Egliſe,
L'épais Bourgeois, le hautain Financier,
Avec honneur vous fites le métier.
C'eſt de notre âge une des ſept merveilles,
Que ces réduits, où l'on peut, ſans façons,
En un inſtant ſe procurer des Cons,
Pour peu d'argent, ſans bayer aux Corneilles,
Sans ſoupirer ſans craindre les rigueurs
De ces beautés qui n'en veulent qu'aux cœurs!
Las, ennuyé d'avoir perdu mes veilles.
A des écrits ingrats & rebutans,
D'avoir oui rebattre mes oreilles,
De cent propos triſtes ou médiſans,
Que faire, hélas! en grande compagnie,
Entendre encor gronder la calomnie;
Voir une Prude étendre ſes filets,
Me rabacher les ſentimens parfaits,
Et me conter la ſotte Litanie
Des froids amours, des plaiſirs du Marais?
Dans les panneaux des paillardes dévotes
Bien ſot qui va ſecouer ſes culottes!
Moi, je prétends m'amuſer ſans languir,
Et ſans ennui me livrer au plaiſir.
J'entre à mon aiſe à l'école publique,
Où le talent de foutre eſt en pratique,
Où ſans prélude, on peut ſoudain jouir.
Trente Putains de cette République
Forment l'enſemble, & d'un air de gaité,
D'un ton riant, m'offrent la volupté.

Leur art exquis réveille la Nature,
Leurs yeux lascifs distillent la luxure,
Leur mouvemens, leur discours, leur chansons
Du tendre Amour font autant de leçons.
Heureux Sultan, promenant mes caprices,
Pressant des mains les tetons & les cuisses,
Sondant à nud les Dédales d'appas,
Je fais mon choix, sans craindre que la belle
A mes desirs ne se montre rébelle.
Qu'elle soit lente, ou froide en ses ébats,
Suis-je bientôt dégoûté de la blonde ?
Son travail mou produit-il la langueur ?
La brune accourt, ranime mon ardeur,
A coups de Cul, de foutre elle m'inonde,
Et de mes os soutire la liqueur.
Son poil fourni, sa chair solide & bise,
Dans tous mes sens portent la paillardise,
Après six coups, m'accusent de froideur.
De forts bouillons, un vin vieux & robuste,
La Poule au riz me rendent la vigueur,
Et de rechef, dans ce Con presque juste,
Le nerf tendu, le port brillant, auguste,
Mon Vit matin entre & fout en vainqueur.
Or, à présent, vantez-moi ces Princesses,
Dans le coït affectant les Déesses,
Prenant des airs, des ébats langoureux,
Et tristement faisant de sots heureux.
Des dignités suivant le méchanisme,
Aller du Cul leur semble putanisme ;
C'est déroger que de foutre à grands coups,

De remuer lorſque l'on eſt deſſous.
Foin du métier, tandis que je m'épuiſe,
Si, calinant par air ou par bêtiſe,
Dans nos travaux, une froide beauté,
Fout ſans ardeur, comme par charité.
J'aime en amour le train de la canaille,
Et point les tons des gens de qualité.
Lorſque je fous, il faut qu'un Con travaille,
Qu'il me ſeconde, & qu'avec volupté,
Pompant les ſucs de ma couille fertile,
Dans ſon allure il ſoit leſte & facile.
Car de laſſer ſes jarrets & ſes reins
A dérouiller le Con d'une Robine,
Qui ne demande à Dieu tous les matins,
Que le bonheur de preſſer des engins,
Et cependant contrefait l'enfantine,
Quand on la fout à triple carillon,
C'eſt ſe plonger dans l'abîme d'un Con,
Vous la verriez défendre ſon teton,
Comme à quinze ans une jeune Pucelle,
Vous rebuter pour une bagatelle,
Pour un baiſer, pour un mot poliſſon,
En minaudant, trancher de la cruelle;
Mais offrez-lui quelque gros ſauciſſon,
Un Vit de bronze, elle aime ce l'ardon;
Elle vous va livrer ſa citadelle,
Les deux battans pour vous feront ouverts,
Et vous pourrez ſur la froide aridelle,
Faire expier vos caprices divers:
A dire vrai vous aurez à combattre

Tous ses Valets qui la foutent par quatre ;
Et qui depuis environ dix-neuf ans,
Tous les neuf mois lui flanquent des enfans.
Encor, avant de vous ouvrir son gîte,
Son large Con, écoutez l'hypocrite
Vous raconter ses grands traits de vertu,
Les noms sans fin d'Amans mis au rebut,
Qui vainement ont soupiré près d'elle.
A son époux dans tous les temps fidelle,
C'est pour vous seul qu'elle ose le tromper.
Guettez deux jours la prude tourterelle,
En d'autres bras vous saurez l'attrapper.
C'est l'Aumônier, le Cocher, ou le Suisse,
Dont elle exige un fatiguant service,
Des coups sans nombre, un lourd emploi du
      temps,
Que tour à tour elle met sur les dents.
Si, par destin, on doit avec sa femme,
Etre trompé dans la plus vive flamme,
J'aime encor mieux courir le hazard
Dans un Bordel où je compte sur l'art,
Sur le talent d'une jeune Héroïne,
Qui, m'amusant & calmant mon desir,
A du moins l'air de goûter du plaisir.
Au sentiment, mon ame libertine,
Prétend très-peu quand je fous la Putain ;
Et de son bord la lubrique drôlesse
N'ignore pas que mon transport est feint,
Que dans l'effort de ma fausse tendresse,
A décharger vise toute l'adresse.

Auſſi, bornant ſes ſouples mouvemens
A procurer du plaiſir à mes ſens,
Par la vîteſſe, en amour exceſſive,
Dans nos ébats elle ſe montre active,
Forge cent tours, s'agite du croupion,
Me fait goûter tous les plaiſirs du Con.
Sur mon *Coccis* appuyant ſes deux jambes,
Etroitement ſur ſon ſein me preſſant,
Tirant parti d'attitudes ingambes,
Suivant le feu de ſon tempéramment,
A gros bouillons dix fois ſon foutre coule,
Son œil mourant exprime ſes plaiſirs.
Ainſi, paſſant de deſirs en deſirs,
Dans nos exploits la nuit bientôt s'écoule,
Et le ſoleil rend à peine le jour,
Qu'outre paſſant les Colonnes d'Hercule,
Mon vit monté de plus belle éjacule.
Prêt à mourir dans le temple d'Amour
A mes ardeurs la nature commande,
Dans leur excès elle arrête mes feux,
Mon arc fléchit, il mollit, je débande,
Un doux ſommeil vient me fermer les yeux.
Entre les bras de ma Nymphe pâmée,
Entortillé d'un air voluptueux,
Je goûte en paix les préſens de Morphée,
Mon corps refait n'eſt que plus vigoureux.
Au point du jour la prudente Matrône
Donne ſes ſoins à notre déjeuné,
Et de l'Amour nous ne quittons le trône
Qu'après avoir de rechef engaîné.

Dieux! quels plaisirs! que la vie est aimable!
Lorsqu'on fout , lorsque l'on tient un Con ,
Lorsque du lit on se rend à la table ,
Et qu'on y vuide un précieux flacon!
Près du bon vin & de la bonne chere
Coulez vos jours , Foutro-Manes prudens ,
Bacchus d'Amour est le soutien , le Pere ,
Son jus divin peut beaucoup sur les sens.
Retracez-vous ces aimables Bachantes ,
Pleines de vin , de luxure , & d'ardeurs ,
Courant calmer leurs passions brûlantes ,
La coupe en main , avec de bons Fouteurs.
Tous les Héros , tous les Dieux de la Fable ,
Furent amis du lit & de la table :
Jupin lui-même , avant de prendre un Con ,
Court s'enivrer de Nectar d'Ambroisie ;
Des Dieux le Maître , à la pauvre Junon ,
Gratteroit mal les sources de la vie ,
Le ventre à jeun , ratteroit sa Guenon.
Dans ses travaux le valeureux Alcide ,
L'estomach plein , cent monstres combattit ;
Le beau Pâris , Berger foible & timide ,
Après soupé son Hélene ravit ,
Au nez des Dieux en Héros la foutit ;
Et dans les bras de Vénus exigeante ,
Le Vit pendant , Adonis n'expira ,
Que pour avoir ratté sa belle Amante ,
Faute d'avoir déjeûné ce jour-là.
De cet affront la Déesse en colere ,

Branlant

Branlant son Con, sur ses grands Dieux jura
De ne jamais recevoir à Cyterre
Aucun Amant trop foible d'estomach.
Dans son délit elle quitta la Grece,
Ces lieux flétris, dignes de ses froideurs ;
Dans l'Allemagne apportant sa tendresse,
Elle y chercha des Ribauds bons buveurs.
Ah ! je vous tiens Mesdames les Germaines ;
De votre amour pour les énormes Vits,
Pour les Fouteurs, je fus témoins jadis.
Point parmi nous n'existe d'inhumaines ;
Aux Vits bandans livrant soudain vos Cons,
Vous vous rendez à de bonnes raisons.
Languir n'est pas dans votre caractere :
Vous ignorez l'art fâcheux de déplaire
Par des refus ennemis des plaisirs,
De consumer le temps en vains soupirs.
Allant au fait, vous voulez qu'on enconne :
Car patiner est un jeu de niais,
Pour les trembleurs & pour les Vits mollets.
J'aimois à voir une jeune Baronne
A ses Fouteurs, tous nobles & choisis,
Abandonner sa gentille personne,
Et froidement fatiguer tous leurs Vits.
Aux grands honneurs voilà d'excellens titres,
Ce n'est point-là dégrader ses quartiers ;
On peut après entrer dans tous Chapitres,
Même en celui des braves Cordeliers,
Et de s'y couvrir de superbes lauriers.

E

Rien de meilleur pour un gros Vit qui bande,
Pour un Ribaud, qu'une fainte Allemande,
Dans fon pertuis, qu'il entre fans frayeur;
Et s'il parvient à la mettre en humeur,
A l'échauffer, à la rendre friande,
La belle, enfin dépofant fa hauteur,
Et déployant fes folides attraits,
Lui fournira des plaifirs fans regrets.
Des bords fatals de la chaude Italie,
Des Cons latins, ne me parlez jamais.
Lieux empeftés féjour de perfidie,
De vos dangers j'éprouvai tous les traits.
Le Vit bandant, la bourfe bien garnie,
J'étois venu parcourir vos guérets;
Sans deux écus, & la couille pourrie,
Je fuis forti de vos adroits filets.
Serrant le Cul, en paffant à Florence,
J'avois fraudé les taxes du Pays;
Ingrat dans Rome à plus d'une Eminence,
J'avois bravé les Priapes bénis,
Et méprifé la facile affiftance
De ces vieux Cons aux étrangers permis,
Qu'à trois ou quatre on fout par convenance.
Naples reftoit; ce fut-là mon écueil;
J'y fus pincé par un Con de Princeffe.
Elle étoit belle, & du premier coup-d'œil,
Dans tout mon corps elle porta l'ivreffe,
Le feu brûlant qu'on appelle tendreffe.
Je l'adorois, elle s'en prévalut;

Mit à profit mon extrême foiblesse,
Tira de moi tout ce qu'elle voulut,
Prit mon argent, me donna la vérole :
Mais d'un tel coin, si complet, si cossu,
Que dans trois mois la vaine casserole
Ne put me rendre un embonpoint perdu.
Mal circonci par la pierre infernale,
On eut recours au tranchant bistouri,
Et, sous les murs de la maison Papale,
On m'enléva la moitié de mon vit.
Ainsi, jadis les funestes Latines,
Sales beautés, infectes libertines,
Aux Africains, aux soldats d'Annibal,
Pour seul cadeau donnerent le gros mal,
Dont il advint que le vainqueur de Rome
Fut hors d'état de combattre en grand homme.
Ça, mes amis, puisqu'un grand Général
N'en peut sortir sans quelque Condilome,
Sans noir Virus, fuyez l'endroit faital,
Où la Vérole autrefois prit sa source.
Napolitains, desséchez-moi la bourse ;
Mais en m'offrant la douce volupté,
N'infectez pas ma robuste santé
De tous les maux que procure Cyterre.
Vivent, ma foi, la France & l'Angleterre
Et la Hollande ; aux Bagnaux, aux Bordels,
Aux Musicos, on peut foutre en tonnerre,
Sans y gagner les maux longs & cruels
Tant redoutés de lubriques mortels ;
Fatal Fléau qui désole la Terre !

CHANT CINQUIEME.

SI je voulois dépeindre la Vérole
De ses tourmens tracer un vrai tableau ;
Sans traits chargés, sans futile hyperbole,
De Cupidon déchirant le bandeau,
Jeunes Fouteurs, effrayés du tombeau,
Des doux plaisirs abandonnant l'idole,
On vous verroit renoncer aux amours,
Et dans l'ennui couler de tristes jours.
Rassurez-vous : que l'espoir vous console ;
Il est encor d'adorables objets,
Solides, sains, retenus, & discrets,
Qui du virus ignorant les ravages,
En tous les temps méritent vos hommages.
Adorateurs de leurs divins attraits,
Courez jouir sur de tendres rivages,
Du sentiment éprouver les effets,
Et du retour recueillir les bienfaits.
L'esprit en paix, le corps sain & robuste,
Le cœur frappé des appas d'un beau buste,
Qu'il est flatteur de posséder le Con,
Les charmes neufs d'une jeune Tendron.
Qu'on a séduite, & qui, loin de sa mere,
Reçoit d'amour une leçon premiere !
Figurez-vous un conin débutant ;

Livré foudain aux affauts d'un Amant,
Qui l'attaquant avec une ardeur mâle,
Et ce penfeur, Rouffeau le Génevois,
Sophifte habile, étrange Mifantrope,
Dont les travers ont étonné l'Europe,
Contre l'Amour en travaillant des doigts,
En le lardant d'une vaine apoftrophe,
Pour cent beautés vit lever fon Anchois.
L'ardent Auteur des Lettres d'Héloïfe,
Des voluptés ne peut être l'ennemi ;
Sa plume brûle, on voit la paillardife
Se déceler dans fon cauftique écrit.
Eh ! qui ne fait, que l'Ecrivain d'Emile,
Pour fa fervante éprouva de beaux feux,
Qu'imitateur des foibleffes d'Achille,
Sa Briféis le rendit amoureux.
Errant tous deux de montagne en montagne
Traînant partout fa foumife Compagne,
Rouffeau prouva, qu'en l'amoureux affaut,
A bien compter, le Sage n'eft qu'un fot.
A le combler quand les plaifirs s'empreffent,
La rifon fuit, les motifs difparoiffent.
Et tout pofé, la vertu n'eft qu'un mot,
Qu'un mafque ufé, dont perfonne n'eft dupe.
De fon plaifir chaque mortel s'occupe,
Met tout fon art à parer fon deftin,
A fe forger un fort doux & certain.
De Marmontel lifez le Bélifaire,
C'eft un modele, un chef-d'œuvre moral ;

Mais apprenez qu'il aima d'Aubeterre,
Qu'il fut fidele au tribut animal.
D'un coup de Cul, s'y loge & le pourfend.
Le corps unis, d'une amitié brutale
Chériffent moins les faciles appas,
Que le bonheur dont Vénus libérale
Comble les cœurs fenfibles, délicats.
Les enivrent d'une tendreffe égale,
La volupté s'empare de leurs fens,
Et les retient dans fes nœuds féduifans.
Jufqu'aux Cieux le plaifir les tranfporte;
Ils font heureux, fans art, fans trahifon;
Dans leurs écarts s'ils perdent la raifon,
Vénus les guide, & l'amour les efcorte.
Pour le plaifir les cœurs humains font faits;
De cet aimant, qui peut fuir les effets?
Voyez des Grands la perfide Cohorte
Des jeunes Cons éprouver les attraits,
Aux voluptés fans ceffe ouvrir la porte,
De la beauté paroître les amis,
Servir l'amour en efclaves foumis.
Rois, Généraux, Confeillers & Miniftres,
Jeunes, Vieillards, Philofophes & Cuiftres,
Sont travaillés par les mêmes defirs,
D'un même pas tous courent aux plaifirs.
Du tendre amour le chemin eft rapide,
Il eft fi doux de lui payer fes droits,
Tout y convie, & l'honneur infipide
Très-rarement décide notre choix.

Quand Montesquieu brocha *l'Esprit des Loix*,
Il habitoit dans le *Temple de Gnide*;
Vive! Dorat, Poëte Foutro-Mane,
Ses vers heureux expriment ses desirs;
Sans afficher une Muse profane,
Il embellit le regne des plaisirs.
On voit qu'il suit partout son caractere,
Mettant en vers ce qu'il éprouve en lui,
Jugeant à froid des foiblesses d'autrui;
Nouvel Ovide, habitant de Cytherre,
Il peint en maître & l'amour & sa mere.
De sa Zélis fraiche, sortant du bain,
J'aime à toiser sa lubrique ceinture;
De sa Cloris l'admirable peinture
Me fait bander, j'ai le Vit à la main
En la voyant; j'adore la luxure,
Qu'un Peintre adroit, d'un pinceau libertin,
Sait crayonner, en traçant la Nature;
Tous ces Rimeurs, sublimes, ennuyeux,
Dont les Romans en cinq actes pompeux,
Froids canevas de faits invraisemblables,
Peignent sans sel des amours pitoyables,
N'ont aucun droit à me toucher le cœur.
Et que m'importe un Monarque, un Vain-
        queur,
Encor fumant du sang de ses semblables,
Qui, tout bouffi, raconte avec froideur
Ses feux glacés, son orgueilleuse ardeur?
D'un gros manant je préfere la flame

J'y lis son cœur, j'y démêle son ame;
Ses sentimens sont d'un sincere aloi,
Et quand d'amour il reconnoît la loi,
C'est sans détour qu'il souscrit à son maître;
Il est vraiment tel qu'on le voit paroître,
N'use jamais d'un langage emprunté,
Fout avec nerf, aime avec vérité.
De l'intérêt ignorant la puissance,
Le plaisir seul guide sa jouissance:
Son Vit heureux ne craint aucun revers;
Dans son amante il voit tout l'Univers.
Peuple marchand, intéressé, stupide,
Froid, monotome impudemment avide;
Sots Hollandois, qui prisant un trésor
Par-dessus tout, victimes de vos veilles,
Au sentiment refusant les oreilles,
Ne savez rien, n'adorez que l'or,
Courez jouir : votre printemps s'écoule !
Servez l'amour, goûtez-en les appas,
Et prévenez les horreurs du trépas.
Lorsque la Parque à la marche rapide,
Aura tonné, que feront vos ducats ?
Traîner par goût une vie insipide,
Sans intervalle entre de longs travaux,
Sans prescrire un temps pour le repos,
Du galérien c'est s'imposer la chaîne.
Dame fortune en son cortege traîne
Les noirs soucis, étouffe la gaieté;
L'ambition éteint la volupté,

Triste Plutus, laborieux avare,
A qui les biens offrent seuls des appas,
A tes amis, à toi-même barbare,
Que fait ton or relegué dans des sacs?
Veux-tu savoir quel est le bien suprême,
Fais des heureux, sois fortuné toi-même,
Cherche un objet qui t'estime & qui t'aime,
Sois-en épris, sers-toi de tes écus,
Jouis, sinon tes biens sont superflus.
Ouvre les mains, fais valoir tes richesses,
Que tes amis éprouvent tes largesses;
D'une beauté, que le sort maltraita,
Fais le trousseau, sois prodigue, aimes-là.
Je perds le temps à prêcher ma morale,
A l'Harpagon qui ne sait qu'entasser,
Et point jouir: mais la Parque brutale
Est à l'affut, & va le ramasser.
Jeune héritier Cresus imbécille,
Qui s'astreignit dans un modique azyle
A se morfondre auprès de ses écus,
Avec son or acquiert des vertus;
Vis noblement dans l'heureuse abondance,
Sois le soutien, l'ami de l'indigence;
Malgré tes biens, souviens-toi qu'un mortel
N'est distingué qu'à raison du mérite.
N'imite pas le fils de Montmartel,
Le sot Brunoy, ce jeune décrépite,
Qui de ses biens, par un zele hypocrite,
Court enrichir & le prêrre & l'autel.

Vouloit-il pas , dans fa fotte boutade ,
Vers les lieux faints porter fes pas dévôts ;
Accompagné de cinquante autres fots ,
Exécuter une folle croifade ,
Et pour beaux fruits de cette pafquinade ,
En Paleftine aller laiffer fes os !
Cher Foutro-Mane , en ta veine comique ,
Sois travaillé d'un tout autre defir :
Leve plutôt un Sérail magnifique ,
Orne , conftruits des temples au plaifir !
Dans tes boudoirs galans , faits par les graces ,
Prodigue l'or , accumule les glaces ,
Qui , mille fois répétant les objets ,
De la beauté décelent les attraits.
En des foupers , où Cupidon préfide ,
Suis bonnement la nature pour guide ,
Des beaux efprits confulte les difcours ,
Puis remets ton deftin aux amours.
Vois les Prèlats , cette race prudente ,
Ufer du temps , éloigner toute attente ,
Se réjouir , fe forger d'heureux jours ,
Et pour mieux foutre , inventer cent détours.
Veux-tu t'inftruire , & bien connoître l'homme
Va calculer les Cardinaux dans Rome.
Vois-les fervir & les Cons & Culs ;
Tous fes Fouteurs , ou bien ne bandent plus.
Spinola fout la fale Paleftrine ;
Albani frappe au trou d'Altiéri ;
Bernis chargé d'efprit & de cuifine ,

De Sainte-Croix gratte le Con pourri.
Ultra-Montain, dans la force du terme,
Bougre avéré, las d'injeéter fon fperme
Dans des conduits, mille fois raffafiés,
Difant qu'en Con l'on fout trop à fon aife,
Priape en rut, le Cardinal Borgéfe
Cherche des Culs les canaux empeftés.
Les Monfignors, imprudente vermine,
Dont Rome abonde, ennuyeux Preftolets,
Lâches Gîtons, Fouteurs à bas violets,
De la Vérole & de la Criftalline
Font magafin, avancent le Vit bandant,
Aux dignités n'arrivent qu'en foutant.
Ami, crois-moi, tout fe fait par la Couille,
Ou par le Con; le Saint Pere haletant
Encor par fois, quelque vieux coups dérouille,
En Con, en Cul, felon fon doux penchant.
Le croiroit-on? l'adorable Thérefe
Des Autrichiens laffe les plus gros Vits;
Son direéteur & le Prince Kaunitz,
A coup de Cul la faifant pâmer d'aife,
Dans les plaifirs égarent la raifon,
Rien de plus jufte? eft-on Impératrice
Pour fe conduire en agnès, en novice,
Pour en chaumer, & fe branler le Con?
De Pétersbourg l'aimable Souveraine
Fout à gogo, fuce fes Chambellans,
Ses favoris; les charge de préfens
Et de cordons, pourvu qu'ils foient bandans,

Que dans le lit ils la traitent en Reine.
Par-tout ailleurs elle se montre humaine,
Douce, clémence, écoutant les raisons,
Pardonnant même aux noirs trahisons;
Mais sur l'article elle est bonne Allemande;
Point de quartiers elle prétend qu'on bande,
Et qu'on la foute, en dépit de la Loi.
Foutez la bien, demain vous serez Roi.
Poniatowski, peu taillé pour le Trône,
A ce jeu-là sçut gagner la couronne.
Roi-Foutro-Mane, il néglige sa Cour
Et ses Soldats ne servent que l'amour.
Les froids du Nord, les neiges & les glaces,
Aux doux plaisirs prêtent encor des graces,
Des membres sains proscrivent la langueur,
Des Vits mutins renforcent la vigueur.
Brandt, Stuensée, innocentes victimes,
Qu'à la fureur d'un Peuple audacieux
On immola pour de prétendus crimes,
Pour avoir fait plaisir à deux beaux yeux,
L'éussiez-vous cru, qu'en foutant Caroline,
De l'échafaud vous preniez le chemin,
Que du Clergé l'assemblée assassine
Vous lanceroit un décret inhumain?
Dannois cruel, ignorant & sauvage,
En égorgeant deux Fouteurs malheureux,
Dont le savoir eût instruit tes neveux?
Siecle de fer, où de l'inconséquence,
De la sottise, on chérit la puissance!

Tout

Tout porte à foutre, attife les defirs,
Un tendre objet vous invite aux plaifirs,
Puis il faudra mettre fon Vit en poche,
D'un Con en rut effuyer la taloche
Sans dire mot fans répondre à fon choix,
Du célibat gardant les dures loix!
Vouloir qu'un cœur foit toujours infenfible,
C'eft aux mortels demander l'impoffible!
Que je vous plains! ô Filles de mes Rois,
Qui tous les jours rencontrez des Hercules,
Et ne pouvez par des Loix ridicules,
Aux fens émus donnant un libre cours,
Vous engager fous la loi des amours!
D'un favetier la facile héritiere
Eft plus heureufe, & peut de fes beaux jours
Fixer l'ufage, égayer fa carriere,
Choifir des Vits le plus gros, le plus long,
Sans s'épuifer à fe branler le Con,
Après avoir dans le concubinage
Tiré parti des amours le paffage,
Fait maint effais de les goûts différens,
D'un gros butor elle charme les fens:
Et le gárotte aux nœuds de l'Hyménée,
Heureux Manans! canaille fortunée!
Connoiffez mieux les biens de votre état,
La liberté, la pénible victoire.
Libres de foins, d'énnuis & de defirs,
Peu curieux d'une frivole gloire,
De mériter un feuillet dans l'hiftoire,

F

Vos jours obſcurs ſont tous pour les plaiſirs!
Un pareil ſort vaut mieux que la richeſſe,
Que les devoirs qu'exige la Nobleſſe!
Je m'aime mieux roturier jouiſſant,
Que triſte Roi, que Noble languiſſant.
Le Con me plaît, il faut que je m'y plonge,
Que je courtiſe une fraîche beauté,
Dont l'œil mutin, ſymbole de ſanté,
Du tendre amour m'offrent le doux menſonge
Ou du retour l'aimable vérité.
Faire un Cornard, endormir une mere,
D'un bel objet appaiſer la rigueur,
Ami Fouteur, c'eſt regner ſur la terre,
C'eſt obtenir le ſuprême bonheur!
C'eſt égaler les Maîtres du tonnerre!

CHANT SIXIEME.

Vive à jamais l'art sublime & divin,
Qui des mortels prolonge le destin,
Leur fait couler des jours purs & tranquilles,
Qui du Bonheur rend les sources fertiles,
Prodigue à l'homme, à force de travaux,
Des biens nombreux, & dissipe ses maux !
Divinité, que l'Univers implore,
A qui jadis les Grecs dans Epidaure,
A deux genoux demandant la santé,
Offrent sans cesse un culte mérité,
Eclaire-moi des feux de ton génie,
Donne à mes vers cette douce harmonie
Qui des lecteurs décide le bon goût,
Qui sçait charmer & triompher de tout !
Découvre-nous ta sage théorie,
De tes trésors l'immensité chérie ;
De tes secours les merveilleux effets,
Et tout le prix de tes puissans bienfaits !
Vous, dont le temps consacre la mémoire,
Qui jouissez de la flateuse gloire
De soulager la foible humanité,
Par les efforts d'un savoir respecté,
Doctes humains, recevez mon hommage.
Puisse mes vers avoir votre suffrage,

F ij

Et conferver aux races à venir
De vos talens le brillant fouvenir !
Agirony, Praticien magnanime,
Dont l'élexir, découverte fublime,
Lave le fang, divife les humeurs,
Diffout les glairs, les plus fortes tumeurs,
Hâte le cour de la limphe épaiffie,
Répare à neuf l'urétre & la veffie,
Aux nerfs ufés rend la force & la vie,
Soyez couverts de lauriers immortels ;
Tous les Fouteurs vous doivent des Autels !
Jamais Keffer, à force de dragées,
N'a du Virus pû chaffer le levain ;
Le mal furvit, les humeurs enflammées
Dans tout le fang voiturent le venin.
Envain Danran, farfouillant un Engin,
Vient follement y fourrer fes bougies,
Le feu s'accroît, les fibres affoiblies
Trompent l'effet d'un remede incertain.
Du corps humain altérant la ftructure,
Le Sublimé, le dangereux Mercure,
Sont des poifons, autant que des fecours,
Rendent les Vits inoptes aux Amours,
Et des Fouteurs abregent les beaux jours.
Les minéraux corrompent la Nature,
Forçant le jeu des glandes falivaires,
S'infinuant par d'étranges fueurs,
Ils font bientôt de jeunes poitrinaires,
Des eftomachs font les fûrs deftructeurs ;

En peu d'inſtans dérangent l'exiſtence,
Dès la jeuneſſe enfantent l'impuiſſance.
Lorſque l'Amour, dans vos brûlans canaux,
Aura filtré le plus cuiſant des maux,
Dans votre ſang gliſſé les eaux profanes,
Fuyez ſur-tout, prévoyants Foutro-Manes,
Des frictions l'emploi pernicieux.
Vous pourriez perdre ou les dents ou les yeux,
Dans les douleurs traîner des jours affreux,
Et par les fruits d'une Vérole attroce,
Périr ſans ſoins par un trépas précoce.
Maudit Colomb, tes voyages cruels,
Tes grands exploits dans la ſalle Amérique,
Pour tous préſens, à des heureux mortels,
Ont procuré la cauſe vérolique,
Leur en laiſſant des gages éternels !
Fatal écueil pour un Vit intrépide,
Croyant entrer dans un Con propre & ſain,
Il ſe fourfoye en un Vagin putride,
Qui le ſallit, & lui pourrit l'Engin.
Lurétre cuit, le Priape ſe dreſſe,
Piſſe ſans fin, éjacule ſans ceſſe,
Chancres, Porreaux naiſſent en un moment,
Et le prépuce, aſtreint autour du gland,
Ne permet plus que le Vit décalotte..
Fut on-on alors ſavant comme Hérodote,
Ou de Fréron, eût-on le court eſprit,
On eſt bien ſot quand on ſouffre du Vit,
Lorſque, forcé de répandre des larmes,

Des Cons pourris on déteste les charmes.
De ce Vieillard les muscles rallentis,
A force d'art, réparés, rajeunis,
En fourbissant la divine Montrose,
Croyent cueillir une charmante rose,
Et savourer les biens du Paradis....
Pour fruits fâcheux de son Apothéose,
Son Vit gonflé pâtit d'une exostose,
Et va tomber sous d'affreux bistouris.
Nouvel Eson, abhorrant l'impuissance,
Cherchant partout la source de Jouvence,
Du Stix infect, il ne trouve que l'eau,
Et tous les Cons le hâtent au tombeau.
L'adolescent, de breuvages perfides
Faisant usage, épuise sa vigueur,
Ne bande plus que par les cantarides,
Et dès vingt ans éprouve la langueur.
Jettez les yeux sur ces beautés flétries,
Qui, du plaisir victimes avilies,
De leur visage, à force de carmin,
De bleu, de verd, ont abimé le teint.
Pour réparer des débauches l'injure,
L'Art les sert mal, il rend mal la nature.
Peut-on chérir de factices attraits,
Santir du goût pour des appas défaits,
S'amouracher d'une triste peinture,
Qui pour charmer emprunte de faux traits?
Les yeux cernés, la figure livide,
Il convient peu d'être paillarde, avide;

Lorſque l'on n'a que des charmes ternis,
D'oſer prétendre à de robuſtes Vits.
A ſon ſouper une femme m'invite,
Me ſemble jeune, abondante en tetons;
Je crois tenir le phénix des tendrons.
Juſques au lit l'art ſoutient ſon mérite,
Mais en foutant je reconnois l'erreur;
D'entre ſes bras je ſors avec fureur,
Et foudroyant ſa face décrépite,
Je ne la vois que comme objet d'horreur.
Triſtes exploits, où les femmes brutales,
En agrémens, en jeuneſſe inégales,
Des Vits bandans ſurprennent la faveur,
Et des ribauds eſcroquent la vigueur !
Le fait eſt doux, quand l'amour réciproque
Dans le Coit leve toute équivoque;
Lorſqu'un Fouteur, diſpos, nerveux, ardent,
Attaque un Con, alerte, intéreſſant,
Un Con nouveau, ſous gentille figure,
En appétit, écumant de luxure.
Dans cet aſſaut, les coups portent à plomb;
Le Vit chatouille & les bords & le fond.
Du clitoris les deux brûlans ovaires
Sont irrités par cent doux frotemens;
& des pubis les combats débonnaires
A la décharge excitent tous les ſens.
Le Con preſſé par ſon ardeur natale,
Prête collet aux muſcles érecteurs,
Pompe les ſucs, la liqueur ſéminales,
Et fait au Vit verſer de tendres pleurs.

N'avez-vous pas, au milieu des campagnes,
Vu par hafard quelque jeune Margot,
Jeune, bien faite, aimant quelque Pierrot,
Fuir prudemment fes jaloufes compagnes,
Se retirer à l'ombre d'un ormeau,
A fon Galant prêter un brillant groupe,
Et le portant fur le ventre & la croupe;
En recevoir plus d'un robufte affaut?
Comme ils y vont de l'avant, de l'arriere!
Quel doux liant dans leur fouple charniere!
Rien qu'à les voir, on bande de plaifir,
Vit en arrêt, on fent même defir,
Et ne pouvant ravir au Ruftre habile
Son frais gibier, fa Paifanne agile,
Le corps en rut, pour calmer fon efprit,
En leur honneur on fe branle le Vit.
Combien de fois, en voyant une âneffe,
De fon baudet effuyer la careffe,
Mouvoir le Cul, feconder fon fauteur,
Ai-je en mon coin fecoué mon Docteur.
Quand je voisfoutre il faut que mon Vit dreffe;
Pour un Ribaud l'exemple eft tentateur.
Comme j'aimois, dans ma verte jeuneffe!
Pas un feul Con ne m'étoit défendu;
Quoiqu'étranger, j'étois bientôt connu:
Toute beauté chatouilloit ma tendreffe,
Je lui contois mon amour éperdu,
Avec ardeur la titrant de Maîtreffe,
Je lui prouvois mes feux à coups de Cul.
On me croyoit, ou l'on faifoit tout comme,

J'étois tenu pour un fort aimable homme,
Et plus d'un Con de haute qualité
Brigua l'honneur d'affoiblir ma santé.
On y parvint, à force d'être utile,
Mon Vit baissa, je cessai d'être agile,
Et de dix coups, que je foutois par nuit,
A deux ou trois mon Priape est réduit.
Encor, faut-il que ma facile Amante,
Pour mes lenteurs commode & complaisante
Ne perde pas l'instant de mon ardeur.
Le temps varie : à la flamme brûlante
Des jeunes ans succede la froideur ;
Et je bénis la nature prudente
D'éternifer le desir dans mon cœur,
De m'accorder un Automne tranquille,
Bon appétit & paisible sommeil.
Au genre humain désormais inutile
Pour la peupler je lui dois le conseil.
Dans tous les cas de la Foutro-Manie,
Je veux sans cesse exercer mon génie,
Aux débutans inculquer des leçons,
Et travailler à la gloire des Cons.
Il faut à temps savoir faire retraite,
Se réformer sans tambour, ni trompette ;
Quitter les Cons avant d'en être banni,
Et dans l'hiver faire un fort à son Vit.
Aussi, choyant ma sage Gouvernante,
Et lui donnant un pouvoir circonscrit,
Je l'ai choisi pour saine confidente.

Elle me sert du poignet, au besoin,
Même du Con, sans exiger grand soin,
Et pardonnant à ma Couille indiscrete,
Elle m'amene encor quelque fillette,
Qu'avec plaisir je fous par indivis,
A tour de rôle avec quelque Commis,
Qui prétendant en faire son épouse,
La guette à l'œil, & ne se doute pas
Qu'au grand mépris de son humeur jalouse,
De sa future on flétrit les appas.
Aux Cons de Cour, ces Cons là font la nique,
Foutent de bon, sans tons, sans politique,
Connoiffent peu les complimens usés,
Et n'offrent pas des attraits épuisés.
Des cheveux noirs, & point de contrebande,
Trente-trois dents, une bouche friande,
Un sein d'albâtre. admirable en contours,
Aimant vainqueur, le tombean des Amours,
Quel temple heureux pour porter son ofrande:
En y pensant, en le traçant je bande,
Tous mes desirs me font suivre les Loix;
Ami, lecteur j'y cours poser l'anchois...
Ciel! d'où reviens-je? en ma brûlante flamme,
Mes sens pâmés ont égarés mon ame!
Dieux! que d'amour existe dans mon cœur!
De mes beaux ans que n'ai-je la vigueur:
Dans son pertuis passant des nuits entieres,
J'y braverois les Parques meurtrieres,
Et sur son Con faisant peu cas du sort,

J'y trouverois & la vie & la mort.
Faudra-t-il donc pour inique Protaſe,
Le Vit mollet, expirer en Viédaſe,
Près de ſon lit, avoir un radoteur,
Et regretter d'avoir été Fouteur?
Parce qu'Adam, dévorant quelques pommes
Du ſerpent fut la dupe & le dindon,
Fatal deſtin, tu prétends que les hommes,
En vieilliſſant, ne puiſſent plus du Con
Faire à leur gré le légitime uſage?
Contes de vieille, inſenſé bavardage,
Qui des Fouteurs inſtruits & du bon ton,
Ne ſauront pas rallentir le beau zele!
Au Créateur tout l'Univers fidele,
Croiroit en vain le braver en foutant;
C'eſt l'honorer : tout mortel en naiſſant,
Du premier cri rend hommage à ſon maître,
A l'Eternel, au Dieu qui le fit n'aître,
Qui le ſoutient, lui permet de lever
Son front vers lui, de foutre, d'adorer.
Moi, quand je fous dans ma reconnoiſſance,
je bénis fort la céleſte puiſſance,
Qui me forgeant tout exprès pour le Con,
De cent beautés me créa l'étalon;
En les ſervant, je ſuis ma deſtinée:
Et ces Docteurs, dont la voix ſurannée
Fronde des Vits les utiles exploits,
Sont cependant ſujets aux mêmes Loix.
Le doux plaiſir les ſéduit & les touche;

Epris, friand, de baisers sur la bouche,
Ils vont cueillant la rose des Amours,
Et finement se tressent d'heureux jours.
Sans hésiter, sans scrupule, sans doute,
Il est de loi, que chaque mortel foute,
Qu'il soit exact à peupler l'Univers.
Pluton, Minos, foutent dans les enfers,
Alternando se passent Proserpine,
Bravent de loin la colere Jupine,
Et de la Couille éprouvant les plaisirs,
Donnent l'essor aux lubriques desirs.
Le Moine fout, le Paisan, l'Augure,
Egalement satisfont la nature,
Aiment la chair, brûlent dans les harnois,
Courent aux Cons en cherissent les loix.
C'est très-bien fait ; tout est bien sur la Terre.
Le Champ produit, la L'ymphe désaltere,
Le fruit me flatte, & le pain me nourrit,
L'air me ranime, un Con me divertit,
A tout mon être est un point nécessaire,
Et dans ses tours fait plaisir à mon Vit.
D'après-cela, Foutro-Manes agiles,
Vivez contens, robustes & tranquiles;
Le Ciel vient-il dans vos heureux ébats,
A se dissoudre, à tomber par éclats,
Bravez la foudre en d'aimables asyles,
Dans les Bordels foutez jusqu'au trépas.

FIN.